Organización de reuniones virtuales. CTRD0002

Roberto Pérez Huguet

Organización de reuniones virtuales. CTRD0002
© Roberto Pérez Huguet

1ª Edición

© IC Editorial, 2025

Editado por: IC Editorial
c/ Cueva de Viera, 2, Local 3
Centro Negocios CADI
29200 Antequera (Málaga)
Teléfono: 952 70 60 04
Fax: 952 84 55 03
Correo electrónico: iceditorial@iceditorial.com
Internet: www.iceditorial.com

ISBN: 978-84-1184-772-8
Depósito Legal: MA 650-2025

Impresión: PODiPrint
Impreso en Andalucía – España

Nota de la editorial: IC Editorial pertenece a Innovación y Cualificación S. L.

Especialidad formativa

Se entiende por especialidad formativa la agrupación de contenidos, competencias profesionales y especificaciones técnicas que responde a un conjunto de actividades de trabajo enmarcadas en una fase del proceso de producción y con funciones afines.

Las especialidades formativas de Uso General, Formación Complementaria, Formación Modular y las especialidades formativas dirigidas a la obtención de certificados de profesionalidad se incluyen en el Fichero de Especialidades del Servicio Público de Empleo Estatal para su gestión en todo el territorio nacional por cualquier Administración competente.

Las especialidades complementarias, pertenecen todas a la Familia profesional de Formación Complementaria (FCO) y tienen la consideración de formación transversal en áreas que se consideran prioritarias tanto en el marco de la Estrategia Europea para el Empleo y del Sistema Nacional de Empleo como en las directrices establecidas por la Unión Europea. Se consideran áreas prioritarias las relativas a tecnologías de la información y la comunicación, la prevención de riesgos laborales, la sensibilización en medio ambiente, la promoción de la igualdad, la orientación profesional y aquellas otras que se establezcan por la Administración competente.

Las especialidades de Certificado de profesionalidad tienen una duración especificada en su normativa reguladora.

En el resultado de la búsqueda, se muestran las unidades de competencia, todos los módulos formativos con su duración y las unidades formativas del certificado correspondiente, con su duración. Las horas del certificado, exclusivo de las especialidades de certificado de profesionalidad, con alta igual o superior a 2008, son las horas totales más las horas del módulo de Prácticas Profesionales no Laborales.

- **Si la especialidad tiene unidades formativas,** las horas totales, presencial, distancia, teleformación serán igual a la suma de esas horas de las unidades formativas de los distintos módulos, sin que se repita ninguna Unidad formativa.

➲ **Si la especialidad no tiene unidades formativas,** las horas totales, presencial, distancia, teleformación serán igual a las sumas de esas horas de los módulos formativos, eliminando las horas de los módulos repetidos.

https://sede.sepe.gob.es/especialidadesformativas/RXBuscadorEFRED/BusquedaEspecialidades.do

(Fuente: Servicio Público de Empleo Estatal)

Índice

OBJETIVOS GENERALES

Los objetivos generales del **CTRD0002. Organización de reuniones virtuales,** son los siguientes:

- ➲ Planificar y dirigir reuniones virtuales efectivas y atractivas, cuando el desarrollo de su actividad así lo requiera.
- ➲ Distinguir las principales características de la reunión virtual y los medios disponibles para su planificación.
- ➲ Identificar los principales pasos en la preparación de una reunión virtual.
- ➲ Ejecutar la planificación y el desarrollo en una reunión virtual.

Aspectos que definen la reunión virtual

Contenido

1. Introducción
2. Descripción de una reunión virtual
3. Planificación de una reunión virtual
4. Resumen

Objetivos

El objetivo general de esta Unidad de Aprendizaje es:

→ Distinguir las principales características de la reunión virtual y los medios disponibles para su planificación.

Los objetivos específicos de esta Unidad de Aprendizaje son:

→ Valorar la importancia que han adquirido las videoconferencias en el mundo empresarial.

→ Conocer las pautas que se deben seguir para llevar a cabo una reunión exitosa.

→ Establecer los elementos clave que garanticen la consecución de los objetivos propuestos para el desarrollo de una videollamada.

1. Introducción

Una reunión es una herramienta importante en el ámbito empresarial, puesto que las personas que la componen tienen la oportunidad de comunicarse directamente con otras para la resolución de problemas, planteamiento de estrategias o establecimiento de objetivos entre otras acciones.

Dentro de una reunión, virtual o física, se debe facilitar la consecución de distintas soluciones y acuerdos por parte de las personas participantes, lo que provoca que la persona encargada de dirigirlas plantee correctamente los aspectos que se van a tratar, así como que tenga la capacidad de dirigirlas adecuadamente para tratar de llegar a distintos acuerdos o soluciones para cada uno de los puntos planteados en el orden del día de la misma.

A lo largo de esta acción formativa nos acompañarán Idoia y Gonzalo que son responsables del Departamento Comercial de una empresa de medicamentos. Una vez al mes, todos los comerciales se desplazan hasta las instalaciones que la empresa tiene en Madrid, lo que provoca que los comerciales pierdan muchas horas de trabajo dedicándolas a los desplazamientos que lo único que producen son gastos empresariales.

Ambos han pensado en proponer a la dirección de la empresa el uso de videoconferencias y reuniones virtuales aprovechando los dispositivos electrónicos que tienen todos los comerciales, lo que aumentará la productividad gracias a la reducción de horas que se invierten en los desplazamientos.

2. Descripción de una reunión virtual

👉 **HILO CONDUCTOR**

Aunque Idoia y Gonzalo han visto cómo durante la pandemia sus hijos han asistido a las clases de manera virtual, sí que se han dado cuenta de que el aprendizaje que han seguido para su uso ha sido prácticamente nulo, lo que les llevaba a descubrir aplicaciones o extensiones que permitían la interacción con sus compañeros y docentes.

Ellos quieren plantearle a la dirección de su empresa una propuesta seria en la que se establezcan las diferencias y similitudes entre las reuniones presenciales

Continúa en página siguiente >>

<< Viene de página anterior

y virtuales, así como las ventajas e inconvenientes que tiene la implantación de estas últimas en el ámbito empresarial.

Una **reunión virtual** es un encuentro que se lleva a cabo de manera digital en el que varias personas se comunican utilizando una plataforma *online* para tratar asuntos profesionales. Para llevarla a cabo es suficiente con que, al menos, una de las personas participantes se encuentre conectada usando un *software* o equipo de teleconferencia.

Debido a la pandemia de la COVID-19, las reuniones virtuales y las videoconferencias sufrieron un crecimiento exponencial, debido a la imposibilidad de llevarlas a cabo de manera presencial. La adaptación a esta manera de trabajar, aunque ya se había implementado en algunas empresas, se hizo sin ningún tipo de preparación, lo que provocó que, tanto empresas como trabajadores, se adaptasen a esta nueva forma de trabajar según iban necesitando utilizar los servicios, con la problemática y riesgos que acarreaba.

2.1. Razón y momento para convocar una reunión

Seguro que en alguna ocasión has acudido a una reunión en la que, al finalizar la misma, has salido pensando que ha sido una pérdida de tiempo, o quizás ha habido otras que, simplemente viendo el orden del día, puedes intuir que no te van a aportar nada. Así que lo primero que debemos plantearnos antes de convocar una reunión es si es imprescindible llevarla a cabo.

Algunos temas, en muchas ocasiones, se pueden resolver más rápido a través de una llamada telefónica o un *e-mail* para, una vez tomada la decisión o la resolución del asunto, comunicarlo al resto de personas integrantes del equipo mediante un informe.

En el caso de que la temática o el asunto sea complejo para explicarlo de forma escrita, o que intervengan distintos departamentos de la empresa, o que pueda haber confusión, sí que es recomendable convocar una reunión.

IMPORTANTE

Si es necesario recibir el *feedback* de una acción que se ha desarrollado o se va a desarrollar, o en el caso de que sea necesario persuadir a un cliente, entonces la convocatoria de una reunión, presencial o virtual, es obligatoria.

No podemos olvidar que las reuniones son una manera empresarial de **hacer equipo** que permite un mejor conocimiento de las personas integrantes y que puede ayudar al compromiso de estas con la empresa a la que pertenecen.

Las videollamadas se utilizan en los ámbitos personal, laboral y comercial.

Como regla general se considera adecuada la convocatoria de una reunión en los siguientes casos:

- **Solucionar problemas.** Si entre distintos integrantes del equipo de trabajo se presenta algún problema, es importante solventarlo cuanto antes para tratar que no aumente y pueda afectar al proyecto y a la productividad de los miembros.
- **Informar de cambios.** En el caso de que se produzcan cambios en la forma de proceder al realizar alguna tarea, hay que informar a las personas involucradas, de forma que se puedan preparar o para valorar si es necesario llevar a cabo un proceso de formación específica.
- **Cambios laborales.** Si la empresa tiene previstos cambios en las relaciones laborales, cambios en los objetivos de ventas, modificación de

condiciones de trabajo, etc. debe informar a las personas afectadas de los cambios y el motivo por el que se producen.

⮩ **Lanzamiento de un producto.** Hay que conseguir que las personas que participan en un proyecto o configuran una empresa se sientan vinculadas a la misma y a lo que esta lleva a cabo. El lanzamiento de un producto es un reto que afecta globalmente a la empresa, por lo que hay que tratar de implicar a la mayor parte de las personas en el mismo como nexo entre la empresa y el producto.

⮩ **Nueva estrategia de ventas.** Quizás sea necesario cambiar la estrategia de ventas, o comenzar en un nuevo sector, por lo que se hace imprescindible informar a las personas afectadas, así como mostrarles los estudios o la información de la que se dispone para que puedan hacer frente a dicho cambio.

⮩ **Informar de la situación de la empresa.** En este caso, es fundamental informar a las personas trabajadoras acerca de la situación de la empresa. No solo se debe informar en el caso de que la empresa tenga problemas, también debe hacerse de los planes de futuro y en el caso de que la perspectiva empresarial está siendo favorable.

⮩ **Compartir conclusiones.** En el caso de que se haya llevado a cabo algún tipo de auditoría es importante reunir a las personas involucradas para hacerles saber las conclusiones a las que se ha llegado, además de para que tengan conocimiento de las mismas, también para que puedan proponer acciones de mejora.

 ACTIVIDAD COMPLEMENTARIA

1. Investiga acerca del mejor momento, dentro de la jornada laboral, para convocar una reunión.

- -

2.2. Ventajas e inconvenientes de las reuniones virtuales

Como todo sistema de trabajo, las reuniones virtuales tienen una serie de ventajas, pero también presentan una serie de inconvenientes:

⮩ **Ventajas:**

1. Aumento de la colaboración de los integrantes del equipo que pueden encontrarse en ubicaciones diferentes.

2. Reducción de los costes de desplazamiento, puesto que cada persona se conecta desde la ubicación que desee.
3. Flexibilidad en la programación de las reuniones, ya que es más sencillo "encontrar un hueco" en las agendas.
4. Aumento de los clientes potenciales, ya que no importa la ubicación física de la empresa.
5. Las reuniones se llevan a cabo independientemente de la aparición de cualquier posible crisis.
6. Aumento de la productividad y de la satisfacción laboral de las personas trabajadoras, puesto que flexibilizan el desempeño de la actividad laboral.
7. Permite presentar, evaluar y resolver los problemas que puedan encontrarse en los proyectos como si se hiciera en una reunión presencial.

➲ **Inconvenientes:**

1. Todos los integrantes de la reunión necesitan disponer de equipos informáticos con el *software* necesario con antelación a que se lleve a cabo la reunión.
2. Pueden existir problemas para que la reunión se lleve a cabo correctamente si las personas no tienen una conexión a internet estable, o sus equipos presentan errores de configuración o permisos con el audio o el vídeo.
3. Dificultades para mantener una atención continua y una interacción con el grupo pensando que se pueden llevar a cabo distintas tareas, mientras se lleva a cabo la reunión.
4. Al no estar en el centro de trabajo, los trabajadores son vulnerables a distracciones que influyen en su rendimiento y concentración.
5. Muchas veces los entornos en los que se encuentra la persona participante no son los más adecuados para llevar a cabo la reunión.
6. Quizás todas las personas que tienen que formar parte de la reunión no tienen los conocimientos técnicos suficientes para el manejo o resolución de los posibles problemas que presenta la aplicación elegida para llevar a cabo la videoconferencia.

 **RECUERDA**

Las personas se han cansado de la "reunionitis" (reunirse por reunirse) y agradecen que las reuniones se lleven a cabo cuando sean imprescindibles valorando su necesidad y con una programación adecuada de la misma.

2.3. Similitudes y diferencias entre las reuniones virtuales y presenciales

Una vez transcurridos unos años desde que se diera por finalizada la pandemia de la COVID-19, podríamos pensar que las reuniones presenciales están en peligro de extinción, pero no es así, aunque hay que reconocer que, poco a poco, las reuniones virtuales van ganando espacio.

La implantación de las reuniones virtuales ha provocado que muchas empresas modifiquen sus protocolos y formas de trabajo optimizando los tiempos de trabajo de sus empleados, lo que indirectamente les ha llevado a aumentar su productividad.

 IMPORTANTE

Antes de evaluar el tipo de reunión más adecuada, se deben tener en cuenta las características de la empresa y de las personas que vayan a participar en la misma.

Las reuniones presenciales son más cercanas, permitiendo el despliegue de las características propias de cada integrante como presencia, lenguaje corporal, escucha, tono de voz, etc., además de permitir el tratamiento de otros temas que no guardan relación con los propios de la reunión y que, en el caso de un comercial, pueden ayudarle a cerrar la venta o a conocer aspectos personales del cliente.

En las reuniones virtuales, las personas participantes pueden llevar a cabo la reunión sin necesidad de estar en el mismo espacio, país o con un huso horario diferente entre ellos.

No podemos olvidar que en las reuniones virtuales los factores temporales y económicos se reducen drásticamente, ya que desaparecen los gastos de transporte, dietas y tiempos de desplazamientos hasta la ubicación en la que se llevará a cabo la reunión.

CONSEJO

Para llevar a cabo una reunión virtual exitosa hay que garantizar que todas las personas participantes tienen acceso a internet con las velocidades de transmisión y recepción suficientes para procesar la imagen y el sonido de la reunión con las calidades adecuadas.

A continuación, se muestra una **comparativa** entre las reuniones presenciales y virtuales:

Reunión presencial	Reunión virtual
- Grupos de más de 15-20 personas. - Mejora la comunicación. - El trato es más directo y personal. - Mayor concentración. - Permite comentarios y puesta en común una vez finalizada la reunión. - Muy adecuada para grupos grandes. - Incorpora el contacto personal mejorando el clima laboral. - La comunicación no tiene cortes e interrupciones. - Ideal para los trabajadores poco tecnológicos. - Mayor concentración y menos distracciones. - Necesita un espacio de reunión. - Implica gasto económico (infraestructura, desplazamientos, etc.).	- Grupos de menos de 15 personas. - Aporta flexibilidad al proyecto. - Reduce los tiempos de respuesta. - Facilita la reunión de equipos en cualquier momento. - Reducen el gasto logístico. - Adecuada para grupos pequeños. - Reduce el gasto económico al no necesitar de infraestructura, desplazamientos, etc. - Dificulta la comprensión del lenguaje no verbal de las personas participantes.

Las reuniones virtuales, actualmente, se están comenzando a incorporar a los **procesos de selección de personal** cuando se alcanza la etapa de la entrevista de trabajo, lo que permite aumentar la cantidad de personas entrevistadas sin necesidad de que se desplacen hasta las instalaciones empresariales.

RECUERDA

La reunión presencial favorece el contacto personal permitiendo contacto laboral, la lectura del lenguaje corporal y el *feedback* directamente.

APLICACIÓN PRÁCTICA

Elena trabaja en el departamento de comunicación de su empresa y semanalmente se reúne con los responsables de *marketing* de cada centro de trabajo para establecer y analizar los objetivos y estrategias publicitarias que llevan a cabo. Elena se ha dado cuenta de que, en muchas ocasiones, pierde más tiempo en los viajes, además de hablar sobre los mismos asuntos.

Ha realizado un informe para enviárselo al gerente de la empresa en el que se recogen las ventajas de implementar las videoconferencias en la empresa. ¿Puedes indicarle cuál de las siguientes no es una ventaja de dicha implantación?

- **Falta de interacción social.**
- **Incremento en la productividad.**
- **Integración de los equipos de trabajo.**
- **Reducción de costes en desplazamientos.**

Solución

La falta de interacción social es una desventaja de las reuniones *online,* puesto que, al ser a distancia, se dificulta el establecimiento de relaciones interpersonales.

---

3. Planificación de una reunión virtual

👉 HILO CONDUCTOR

Una vez que Gonzalo e Idoia tienen claras las diferencias y similitudes entre las reuniones presenciales y las que se realizan por videoconferencia, ha llegado el momento de conocer los distintos tipos de reuniones que se pueden llevar a cabo.

Idoia es consciente de que, en muchas de las reuniones en las que han participado, podrían clasificarse como de pérdida de tiempo y que quizás, si hubieran tenido una buena preparación, las reuniones hubieran sido mucho más productivas.

En el mundo empresarial, son muchas las horas que se invierten en reuniones y conferencias. Hay muchas reuniones que se llevan a cabo sin tener un objetivo claro, simplemente se convocan porque alguien considera que se debe tener una reunión para tratar un asunto concreto, sin pensar que quizás se pueda aprovechar la reunión para tratar otros que intervienen en el proyecto y que quizás sean más importantes que el suyo.

Las reuniones virtuales deben planificarse para garantizar el éxito de las mismas.

Es importante valorar el tiempo de las personas que participarán en la reunión, ya que, si no se tiene en cuenta, el desarrollo de la reunión reducirá la productividad de las personas participantes frenando el desarrollo de los proyectos que llevan a cabo.

Para tratar de garantizar el éxito de una reunión, tanto presencial como virtual, se recomienda tener en cuenta los siguientes aspectos:

1. **Definir objetivos, temas a tratar y agenda.** Toda reunión debe tener un objetivo claro, los temas que se van a tratar y el orden en el que se van a abordar los mismos. Este primer paso es responsabilidad de la persona convocante de la reunión, que debe hacerlos llegar a las personas participantes antes de la reunión para que estas puedan preparársela.
2. **Selección de participantes.** Es un error pensar que a las reuniones debe acudir el equipo de trabajo en su totalidad, cuantas más personas haya en una reunión, más improductiva se vuelve, ya que es muy fácil que se traten o trabajen otros temas que no están en el orden del día o que no sea el momento de trabajar sobre ellos.
   Las reuniones más productivas son aquellas en las que se seleccionan las personas necesarias y que tienen capacidad de decisión.
3. **Clarificar los objetivos al iniciar la reunión.** Antes de comenzar la reunión es importante recordar a las personas participantes el objetivo de la misma y establecer las reglas que se van a seguir en lo que se refiere a la participación e intervención.
   De esta forma, se está refrescando a las personas participantes que se va a seguir el orden del día y que no se tratarán otros asuntos que no se encuentren dentro de orden del día, lo que provocará que la duración de la reunión sea la prevista.
4. **Elección de moderador.** En toda reunión se debe llevar a cabo la elección de un moderador, que no tiene por qué ser el convocante o líder del equipo. Esta persona será la encargada de garantizar que la reunión comienza y finaliza en los tiempos estipulados, que se tratan los puntos establecidos en el orden del día, además de gestionar las intervenciones de las personas participantes, y realizar el resumen o acta, una vez finalizada la reunión.
5. **Respetar horario de inicio y finalización.** El tiempo es un recurso muy valorado en el mundo empresarial y que no se puede recuperar. Respetar los horarios de inicio y finalización ayuda en la productividad empresarial, además de mostrar a las personas participantes la importancia que da la persona convocante a los compromisos de agenda que pudieran tener una vez finalizada la reunión.
6. **Evitar las distracciones.** Para garantizar la productividad de las reuniones es importante que las personas integrantes se escuchen entre ellas cuando es su turno de palabra. Mientras se lleva a cabo la reunión deben evitarse las distracciones como puede ser el correo electrónico,

aplicaciones de mensajería, o cualquier otra acción que no esté relacionada con el desarrollo de la reunión.

7. **Acciones que llevar a cabo.** Antes de finalizar la reunión se deben plantear las acciones, responsabilidades, plazos para llevar a cabo cada uno de los asuntos tratados en la reunión.

8. **Evaluación de la reunión.** Este punto trata de evaluar el desarrollo y el resultado de la reunión por parte de las personas participantes. Las respuestas obtenidas ayudarán en el desarrollo de las siguientes reuniones adecuándolas a las necesidades y expectativas de las personas participantes.

   Se suele realizar mediante una encuesta en la que se incluyen algunas preguntas como:

   - ¿La reunión empezó y terminó en el horario indicado?
   - ¿Se abordaron adecuadamente los temas propuestos?
   - ¿Los participantes pudieron exponer correctamente sus opiniones?
   - ¿El moderador actuó de manera profesional e imparcial?
   - ¿Las conclusiones obtenidas permiten resolver el problema planteado?
   - ¿Se formuló un plan de acción adecuado para la resolución del problema o progreso del proyecto?
   - ¿Se establecieron fechas y responsables para llevar a cabo las acciones determinadas?
   - ¿Cómo valora el desarrollo general de la reunión (de 1 a 5)? Explique el motivo de su valoración.

Las reuniones presenciales y virtuales no se desarrollan en el mismo entorno, puesto que las virtuales lo hacen utilizando internet, por lo que, en ellas, además de tener en cuenta los aspectos enumerados anteriormente, debemos cuidar otros específicos como son:

1. **Incluye distintas opciones de conexión.** La mayor parte de las aplicaciones necesitan internet para funcionar. Con el fin de permitir que todas las personas que deben acudir a la reunión puedan hacerlo, hay que facilitarles distintas opciones para que se conecten. Lo mejor es utilizar aplicaciones que tengan la posibilidad de instalarse en diferentes equipos.

2. **Cuida las zonas horarias.** Si se trabaja con personas que se encuentran en otros usos horarios, hay que asegurarse de que estas puedan acudir a la reunión en un horario adecuado.

3. **Evitar reprogramar o cancelar reuniones el mismo día.** Las personas que se van a unir a la reunión tienen cuadrada la agenda diaria y han reservado el hueco que se les ha indicado. Tenemos que ver las convocatorias de reunión como un compromiso con todas las personas que participan en la misma. En caso de que debas cancelarla, hazlo con la

mayor antelación posible, explicando los motivos de la cancelación y pidiendo disculpas.

4. **Especifica la forma de conectarse a la reunión.** Hay que facilitar la manera en la que las personas accederán a la reunión, es por lo que cuanto más sencillo se lo pongas, mayores serán las posibilidades de éxito el día de la convocatoria.

   Si lo haces mediante el envío de un correo electrónico, se recomienda que incluyas toda la información de la reunión como son: el nombre de la reunión, la fecha, la hora de inicio, la de final, la duración y la manera de unirse. Recuerda incorporar el PIN, en el caso de que sea necesario.

5. **Requisitos de conexión.** Establece las condiciones que se deben cumplir para estar en la reunión, especifica si se debe tener la cámara encendida, el método de identificación, etc. Una buena práctica es que todas las personas tengan activada la cámara para evitar distracciones, puesto que así todas pueden verse entre sí.

6. **Elección de la ubicación.** Hay que tener en cuenta dónde nos vamos a ubicar para llevar a cabo la reunión y lo que sucede en su entorno.

7. **Prevé distintos puntos de acceso.** Puede que internet o el wifi no funcionen correctamente una vez iniciada o antes de que comience la reunión. La mayor parte de los *smartphones* tienen la capacidad de convertirse en puntos de acceso a internet, lo que facilitará que, en caso de fallo del wifi, se pueda seguir participando en la reunión virtual.

8. **Conexión del anfitrión antes que el resto.** En el caso de que seas el anfitrión de la reunión, conéctate antes que el resto para comprobar que todo funcione como debe para que, en el caso de que no sea así, tengas tiempo de solucionar los inconvenientes o avisar de los cambios a las personas convocadas.

9. **Presentar a los participantes al comienzo.** Si las personas que asisten a la reunión no se conocen entre sí, es una buena práctica presentarlos al inicio de la reunión.

10. **Silencio de sonidos distractores.** Para evitar que las personas participantes se distraigan con otros ruidos que no pertenecen a la reunión, se recomienda silenciar el micrófono cuando no se esté participando en esta evitando sonidos molestos para el resto.

    Esto mismo se aplica a las notificaciones y avisos de los dispositivos móviles y equipos personales. Hay que tener cuidado con estos últimos, con las ventanas emergentes, etc. cuando se comparte la pantalla con el resto de los participantes en la reunión.

11. **Interacción entre participantes.** En este tipo de reuniones no hay un semáforo que indica cuándo las personas pueden hablar y cuándo no, de forma que cuando dos personas quieren hablar, lo habitual es que se silencien los dos y no hablen, es por ello por lo que son los participantes los que se autorregulan a la hora de dar sus opiniones o puntos de vista.

De forma regular hay que realizar un seguimiento del estado de las personas participantes para tratar de involucrar a todas las personas participantes en la reunión.

 PARA SABER MÁS

Existen diferentes aplicaciones que nos ayudan a conocer y calcular la zona horaria de otros países como, por ejemplo, el conversor de horario, al que puedes acceder desde aquí:

https://redirectoronline.com/ctrd00020104

Una vez finalizada la reunión, se debe realizar y enviar, a la mayor brevedad posible, a las personas que han participado en la misma, un resumen en el que se recojan los aspectos tratados y los acuerdos a los que se han llegado en dicha reunión.

 PARA SABER MÁS

Puedes visitar un blog donde se plantean 20 normas de cortesía para desarrollar reuniones virtuales desde casa accediendo desde aquí:

https://redirectoronline.com/ctrd00020101

3.1. Tipos de reuniones virtuales

Las reuniones virtuales, conforme ha ido pasando el tiempo y ha ido aumentando su uso, han ido evolucionando. Esta evolución ha dado lugar a la aparición de diferentes tipologías de reuniones virtuales, como son:

Reuniones individuales
- Conversaciones "uno a uno" en las que lo importante es trabajar con una única persona o colaborador.

Reunicones de equipo
- Reuniones con varias personas para trabajar sobre aspectos globales del proyecto.

Reuniones aisladas o únicas
- Reuniones específicas para tratar un aspecto que no necesita seguimiento posterior.

Reuniones periódicas
- Se utilizan para llevar a cabo el seguimiento de un proyecto.

Webinars - Seminarios
- Su finalidad es compartir conocimiento por parte de personas que son expertas o referentes en su campo.

 TAREA 1

Irene es la gerente de la empresa familiar que va a lanzar un nuevo producto. Para ello, decide reunirse con los responsables de los diferentes departamentos, pero tiene la problemática de que algunos de ellos se encuentran en otras localidades, por lo que decide hacerlo por videoconferencia.

Irene tiene que realizar la convocatoria de la reunión, por lo que te ha pedido ayuda, puesto que para ella es una reunión importante. ¿Puedes ayudar a Irune indicándole los elementos que debe tener en cuenta para tratar de conseguir el éxito de la reunión?

3.2. Selección del tipo de reunión adecuada

Para seleccionar el tipo de reunión habrá que tener en cuenta, entre otros elementos, el número de personas que asistirán a la misma, los objetivos que se pretenden, o la periodicidad con la que se llevan a cabo.

Si tenemos en cuenta los aspectos enumerados anteriormente, podemos clasificar las reuniones en:

⊃ **Cantidad de asistentes:**

ᴗ **Mítines.** En este tipo de reunión el número de participantes es ilimitado.
No se lleva una selección de participantes, sino que es abierto a todas las personas a las que les interese el asunto o tema tratado.
No hay relación entre los oradores y las personas participantes.
ᴗ **Comités.** Aquí la cantidad de participantes es limitada.
Las personas participantes son seleccionadas de forma rigurosa.
Hay una relación fluida entre participantes y los oradores.

⊃ **Periodicidad:**

ᴗ **Anual.** Suelen tener carácter informativo utilizándose como elemento motivador y para tratar de conseguir la implicación de las personas que conforman la empresa.
Habitualmente, el peso principal de la reunión la lleva el director o gerente.
Este tipo de reuniones deben prepararse concienzudamente y teniendo muy claros los objetivos que se desean transmitir.
ᴗ **Mensual.** Estas reuniones suelen tener un carácter informativo. Se busca el compromiso de los participantes y se adaptan planes de acción que se plasman por escrito, una vez finalizada la reunión.
Suelen aprovecharse para el reconocimiento de logros u objetivos conseguidos por parte de algunos miembros del equipo, o para plantear la manera de resolver determinados problemas aprovechando la creatividad grupal.
ᴗ **Semanal.** Este tipo de reuniones sirven para evaluar la consecución de los objetivos que se plantean de forma semanal.
Habitualmente, se llevan a cabo al comienzo o al final de la semana, lo que les da una visión analítica con respecto a las semanas anteriores.
Pueden llevarse a cabo también como elemento de seguimiento de un proyecto, para conocer la evolución del mismo y cómo se encuentran los distintos departamentos que intervienen.

◑ **Diaria.** Este tipo de reuniones se centran en la resolución de problemas. El mejor momento para llevarla a cabo es al inicio de la jornada laboral.

➲ **Según los objetivos:**

◑ **Informativa.** Estas reuniones tratan de trasmitir o establecer comportamientos, procedimientos o normas de trabajo. La dirección de la comunicación es unipersonal del orador hacia el resto de los participantes.
◑ **Resolutiva.** Sirven para la identificación de los elementos que generan algún problema y la búsqueda de posibles soluciones que serán evaluadas por aquellas personas que tengan capacidad de resolución.
◑ **Decisoria.** Este tipo de reuniones tratan un problema planteado de forma que los participantes tomen una decisión para su resolución sin ningún tipo de limitación. Se centran en la búsqueda de una solución con la participación grupal, de manera que se llegue a un acuerdo.
◑ **Explicativa.** Sirven para expresar las razones de una decisión que se ha tomado. Se utilizan para aclarar dudas o consultas que tengan las personas participantes.

No hay que olvidar que, la mayor parte de las veces, la elección del tipo de reunión no se va a realizar exclusivamente atendiendo a un único factor de los enunciados anteriores, sino que va a ser una combinación de ello, lo que nos lleva a realizar la siguiente tabla en la que se mezclan distintos factores:

De 4 a 6 participantes

Objetivo de la reunión	Buscar y solucionar un problema planteado o detectado en el proyecto.
Características de la reunión	Reunión eficaz con una alta participación de las personas participantes. La participación y la implicación en los puntos tratados en la reunión es alta.
Duración	Duración ideal entre 45 minutos y 1 hora, aunque pueden llegar a 4 horas incluyendo descansos.
Ejemplo	Equipos de dirección. Responsables de departamento.

De 7 a 10 participantes

Objetivo de la reunión	Iniciar un nuevo proyecto o detectar las causas de un problema detectado.
Características de la reunión	La eficacia de la reunión disminuye al aumentar el número de personas participantes. Hay un aporte de ideas considerable.
Duración	Entre 1 h y 1 h 30 min.
Ejemplo	Reuniones de departamento.

De 11 a 15 participantes

Objetivo de la reunión	Entrenamientos o sesiones formativas.
Características de la reunión	En las sesiones formativas, la participación es elevada. No es una reunión en la que se puedan tomar decisiones.
Duración	Entre 1 h y 1 h 30 min.
Ejemplo	Comisiones Sesiones formativas

Más de 15 participantes

Objetivo de la reunión	Evaluación o revisión de un proyecto. Presentación de un proyecto, o resultados de este.
Características de la reunión	No se debate, solo se realizan preguntas y sugerencias.
Duración	1 h.
Ejemplo	Asambleas

3.3. Plataformas para organizar reuniones virtuales

Para llevar a cabo una videoconferencia hemos visto que necesitamos una conexión a internet, pero también se hace necesario el uso de programas o plataformas especializados en este tipo de comunicaciones, ya que no solo se trata de ver y oír a las personas que se encuentran "al otro lado", sino que se debe poder interactuar con ellas mediante otras herramientas como el chat, envío de documentos, etc.

 SABÍAS QUE...

Fueron los nazis los primeros en crear una herramienta para comunicarse entre Berlín y Leipzig, en 1936, aprovechando la idea que había tenido el estadounidense Alexander Graham Bell a finales del siglo XIX.

Algunas de las plataformas de las que se dispone actualmente para gestionar las videoconferencias son:

- *Microsoft Teams.* Aplicación de referencia para realizar reuniones *online.* Destaca por llevar más años que el resto en el mercado. Permite varios participantes que podrán enviarse mensajes, compartir pantalla y otros beneficios que aumentan de forma progresiva conforme pasa el tiempo. Para utilizarlo es necesario tener una cuenta de *Outlook,* que se puede obtener de forma gratuita registrándose en la plataforma o a través de un número de teléfono móvil.
- *Zoom.* Esta plataforma sufrió un crecimiento exponencial en la pandemia de la COVID-19. Permite reuniones de hasta mil participantes (en la versión de pago), aunque, en la mayor parte de las ocasiones, es suficiente con la versión gratuita. Ha sido una de las primeras plataformas en incorporar la inteligencia artificial.
- *Google Meet.* Servicio propiedad de *Google* que se integra con otras herramientas como *Google Calendar.* Las reuniones son muy sencillas de crear y es suficiente con incorporar el correo electrónico del destinatario para que este reciba un correo con todos los datos de la reunión, pudiendo incorporarla directamente a su calendario personal.
- *GoTo Meeting.* Plataforma enfocada al mundo empresarial, que es de fácil uso y ofrece notificaciones a las personas participantes antes de que comience la reunión. Admite hasta 250 personas, además de estar disponible para equipos de escritorio como para *smartphones* y tabletas.
- *Jitsi Meet.* Esta aplicación presenta la ventaja de que no es necesario registrarse en la plataforma. Es suficiente con entrar a su web, ponerle nombre a la reunión y comenzarla. Presenta el problema de que si otras personas introducen el mismo nombre que se le ha asignado a nuestra reunión, accederán a la misma.

A través de estas plataformas es más sencillo llevar a cabo las reuniones *online* o videoconferencias, puesto que muchas de ellas incorporan herramientas que van a conseguir que las reuniones sean más productivas, ya que permiten el envío de documentos, compartir pantalla, pizarras, etc., todo ello enfocado en el aumento de la productividad de las mismas.

 **NOTA**

Te recomendamos consultar la entrada del blog de HubSpot en la que puedes encontrar un amplio listado de herramientas para llevar a cabo videoconferencias y elegir la que mejor se adapte a tus necesidades. Para ello accede desde aquí:

https://redirectoronline.com/ctrd00020102

3.4. Planificando la reunión

Como se ha comentado a lo largo de la unidad formativa, la planificación y convocatoria de una reunión *online* no puede dejarse al azar y llevarse a cabo cuando a una de las personas participantes en el proyecto le parezca que se debe llevar a cabo. Se debe pensar en que el resto de las personas tienen otros trabajos que desempeñar y puede que no estén disponibles para llevarla a cabo en ese momento, estén de vacaciones o reunidos con otras personas.

Microsoft Teams se incluye de manera gratuita en los equipos que utilizan Windows 11.

Si queremos tratar de asegurar el éxito de la reunión debemos dedicarle tiempo a la planificación, de esta manera aumentaremos las posibilidades de éxito de la misma, además de ofrecer al resto de personas participantes nuestra imagen más profesional.

Los pasos y puntos que se deben cuidar al organizar y convocar una reunión son:

1. **Establecer la fecha y la hora de la reunión.** Las reuniones virtuales tienen mayor flexibilidad a la hora de programarlas, sobre todo si tienen que acudir un amplio número de participantes. Hay que identificar qué participantes deben acudir obligatoriamente y cuáles son opcionales. Tras esta acción, se debe buscar una fecha y unas horas en las que esas personas estén disponibles. Cuanta mayor antelación tenga la convocatoria, más fácil es que acuda la totalidad de las personas invitadas a la misma.
2. **Seleccionar el *software* o plataforma que se va a utilizar.** Como has visto, hay múltiples plataformas para llevar a cabo una videoconferencia, tanto gratuitas y como de pago. Selecciona la que más se adecue a tus necesidades y asegúrate que los invitados pueden instalarla en sus equipos. Cuantas más facilidades ofrezcas para su uso, más aumentarán las posibilidades de éxito de la reunión. En las grandes empresas, las plataformas han sido analizadas y se ha establecido una como preferente por parte del departamento informático.
3. **Indicar los requisitos de los equipos.** Para sacar el máximo partido a la reunión, los participantes deben disponer de los equipos adecuados para que esta se pueda llevar a cabo con los niveles mínimos que garanticen la calidad de la transmisión.

Se deben informar de los requisitos técnicos que deben tener los equipos, así como invitarles a que actualicen, descarguen y prueben las aplicaciones antes de la fecha en la que se tenga que llevar a cabo la reunión.

4. **Establecer los puntos del orden del día.** Se deben establecer y compartir los puntos del orden del día que se van a seguir en la reunión virtual para que las personas participantes puedan prepararla con antelación.

5. **Delegar y asignar funciones y responsabilidades.** Se pueden establecer y delegar responsabilidades para tratar de asegurar que la reunión sea exitosa, además de involucrar a las personas que participan en la misma.

3.5. Buenas prácticas para llevar a cabo una reunión virtual

En las reuniones virtuales, al igual que en las presenciales, las personas participantes tienden a desviarse del tema, debido a los fallos técnicos que se presentan o simplemente porque consideran que pueden hacer otras cosas mientras solo escuchan. Estas desviaciones provocan que las reuniones virtuales no sean todo lo productivas que pueden llegar a ser.

Para tratar de evitar esta problemática te proponemos una serie de buenas prácticas para que tus reuniones virtuales se vean afectadas mínimamente por estos problemas:

➲ **Antes de la reunión:**

◐ **Prohibido llevar puesto el pijama.** Una costumbre que se adquirió durante la pandemia fue la de asistir a las reuniones con ropa que no llevaríamos puesta a trabajar. Recuerda que estás trabajando, aunque lo hagas desde casa, así que nos debemos vestir como si estuviésemos en la oficina. Además de ser más eficientes, estamos transmitiendo la profesionalidad que nos caracteriza.

◐ **Escoge un espacio de trabajo agradable.** Los lugares luminosos y despejados facilitan que el resto de los participantes nos vean correctamente, además de evitar elementos distractores tanto para nosotros como para el resto. Es importante colocar el equipo o la videocámara sobre una superficie estable para evitar que, en medio de la reunión, se caigan. No debemos perder de vista la ergonomía a la hora de trabajar, puesto que, si pasamos muchas horas delante del equipo de trabajo, podemos sufrir alguna molestia física.

◐ **Evita ruidos e interrupciones.** Para evitar ruidos incómodos o interrupciones, es recomendable avisar a las personas de tu entorno de lo que estás haciendo y que el silencio se vuelve en un elemento importante. También es importante silenciar los dispositivos móviles y las aplicaciones del equipo para evitar la aparición de ventanas emergentes o avisos.

◑ **Asegura la infraestructura técnica.** Independientemente del programa o aplicación que utilices, hay que asegurarse de que funciona correctamente el dicho programa, la conexión a internet, el micrófono, la cámara y, por supuesto, los materiales que necesitas para llevar a cabo la reunión.

◑ **Limita el número de participantes.** Aunque seguro que te lo has planteado al realizar la convocatoria de la reunión, hay que asegurarse de que las personas que son fundamentales y que tienen poder de decisión acuden a la reunión. Recuerda que cuanto mayor sea la cantidad de personas, más probable es que la reunión sea infructuosa, no se alcancen soluciones y se produzcan conflictos.

➲ **Durante la reunión:**

◑ **Establece las reglas básicas.** ¿Qué reglas regirán en la reunión? Debes comunicarlas al iniciar la reunión, de forma que todas las personas participantes sepan cómo se deben comportar. ¿Deben tener todos la cámara activada en todo momento? ¿Se puede usar el chat? ¿El método de respuesta a las preguntas va a ser de forma inmediata o al final de la reunión?

◑ **Promueve reuniones ágiles.** Entrega la documentación de la reunión antes de que esta se lleve a cabo para que las personas que participan puedan estudiarla y trabajarla.

Remarca las ideas o palabras importantes para que se centren sobre ellas y puedan ver de un golpe de vista los elementos importantes que se tratarán en la reunión.

◑ **Establece bloques de tiempo.** Detestamos participar en reuniones cuya duración es superior a una hora. Alcanzado ese tiempo desconectamos de los asuntos que se tratan, por lo que se recomienda establecer unos bloques de tiempo que tratan de asegurar que los participantes están con todos sus sentidos atendiendo a lo que se dice en la reunión.

Estos bloques pueden ser:

⇕ Explicación de los asuntos que se van a tratar (10 min).
⇕ Desarrollo de la reunión (40 min).
⇕ Conclusiones y establecimiento de tareas (10 min).

◑ **Interactúa con los participantes.** Hemos comentado que en las reuniones virtuales es más complicado mantener la atención de todo el mundo, por lo que, de forma regular, se debe tratar de involucrar a los participantes en la reunión.

➲ **Después de la reunión:**

◑ **Comparte las conclusiones y el resumen de la reunión con todos los participantes.** Una vez alcanzado el final de la reunión, recogidas las decisiones importantes que se han tomado, es momento de plasmarlo en algún soporte y hacérselo llegar a las personas que han participado en la misma para que queden claros los acuerdos alcanzados, las responsabilidades de cada persona y obtener una visión general de lo tratado en la reunión.

 **VÍDEO**

Puedes ver el vídeo de Javi Comunica en el que se analizan los errores más habituales que se comenten en una videoconferencia, accediendo desde aquí:

https://redirectoronline.com/ctrd00020103

4. Resumen

Las reuniones son herramientas relevantes en el ámbito empresarial que permiten comunicarse a personas que trabajan en un proyecto conjunto.

Si a las reuniones presenciales les incorporamos el factor tecnológico tendremos como resultado las reuniones virtuales o videoconferencias.

Las reuniones deben convocarse si van a tratar alguno de los siguientes aspectos:

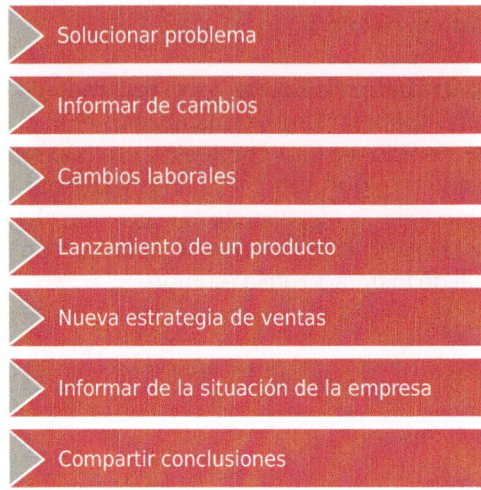

Es importante garantizar que todas las personas que van a tomar parte en una videoconferencia sepan manejar con las distintas herramientas tecnológicas disponibles.

Las reuniones presenciales y virtuales, a la hora de planificarlas, no tienen grandes diferencias, por lo que se deben tener en cuenta algunos aspectos comunes como son:

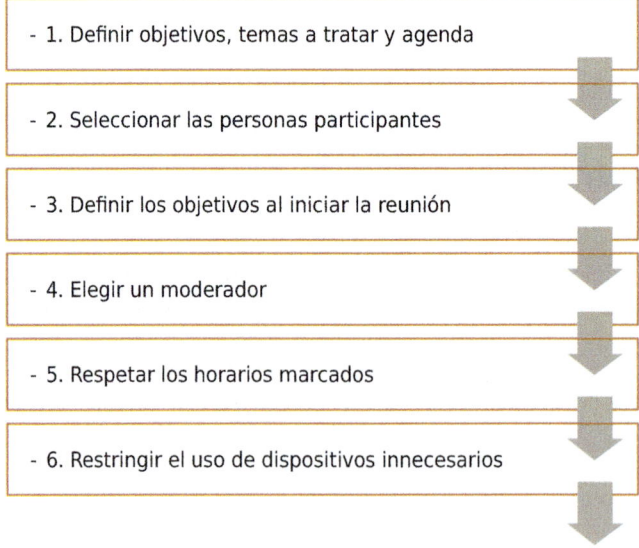

Continúa en página siguiente >>

<< Viene de página anterior

- 7. Terminar con un plan de acción

- 8. Evaluar el desempeño de la reunión

Si se quiere aumentar las posibilidades de éxito de la reunión, se debe dedicar tiempo a la planificación de la misma.

Ejercicios de autoevaluación
Unidad de Aprendizaje 1

1. Una característica de una reunión virtual es:

    a. Se lleva a cabo dentro del horario de trabajo.
    b. Se lleva a cabo fuera del horario de trabajo.
    c. Se lleva a cabo usando medios digitales.
    d. Se utilizan exclusivamente ordenadores.

2. Se recomienda el uso de reuniones virtuales...

    a. ... cuando se traten asuntos de rápida resolución.
    b. ... siempre que hay que tomar decisiones.
    c. ... siempre que las personas participantes se ubiquen en la misma instalación.
    d. ... siempre, sin ninguna excepción.

3. El *feedback* es una característica de las...

    a. ... asambleas.
    b. ... reuniones presenciales.
    c. ... reuniones virtuales.
    d. Las opciones b y c son correctas.

4. Se considera correcta la convocatoria de una reunión...

    a. ... en el lanzamiento de un producto.
    b. ... para informar del estado de la empresa.
    c. ... para la resolución de un problema.
    d. Todas las opciones son correctas.

5. La implantación de las reuniones virtuales a nivel empresarial...

    a. ... ha provocado un abandono de la digitalización empresarial.
    b. ... ha provocado un aumento de la productividad en las personas trabajadoras.
    c. ... ha provocado un aumento de los costes empresariales.
    d. ... ha provocado un cambio importante en los sistemas de venta.

6. **Los factores empresariales que se reducen al llevar a cabo una reunión virtual son:**

    a. Económicos
    b. Logísticos
    c. Temporales
    d. Las opciones a y c son correctas.

7. **Una ventaja de la reunión presencial frente a la virtual es:**

    a. Aporta flexibilidad al proyecto.
    b. Mejora la comunicación del equipo de trabajo.
    c. Es más adecuada para grupos pequeños.
    d. Reduce el gasto logístico.

8. **Las reuniones virtuales se están incorporando a los procesos de...**

    a. ... estudios de mercado.
    b. ... formación universitaria.
    c. ... implantación de equipos de protección individual.
    d. ... selección de personal.

9. **El primer aspecto que debe tenerse en cuenta a la hora de planificar una reunión virtual es:**

    a. Definir los objetivos
    b. Establecer el horario
    c. Realizar el resumen de la reunión anterior
    d. Seleccionar a las personas participantes

10. **Las reuniones en las que se desea trabajar sobre aspectos globales del proyecto se denominan...**

    a. ... reuniones de equipo.
    b. ... reuniones individuales.
    c. ... reuniones periódicas.
    d. ... *webinars* o seminarios.

Preparación de la reunión virtual

Contenido

Objetivos

El objetivo general de esta Unidad de Aprendizaje es:

→ Identificar los principales pasos en la preparación de una reunión virtual.

Los objetivos específicos de esta Unidad de Aprendizaje son:

→ Analizar la importancia que adquieren las presentaciones como elemento de apoyo en las explicaciones de los asuntos tratados en la reunión.

→ Identificar diferentes herramientas de presentaciones que pueden ayudarle en el ámbito laboral, personal y escolar.

→ Descubrir distintos programas que se pueden utilizar para llevar a cabo presentaciones *online*.

1. Introducción

Una reunión es una actividad en la que se plantea la consecución de uno o varios objetivos, por lo que deben prepararse de manera cuidadosa para garantizar el éxito de la misma. Cualquier error o descuido que se produzca en cualquiera de los pasos que se deben llevar a cabo para la gestión y desarrollo de la reunión puede acabar convirtiéndola en un fracaso con la consiguiente sensación de pérdida de tiempo que implica.

Idoia y Gonzalo han acudido a una reunión esta semana, convocados por el Departamento de RR. HH., en la que se les ha presentado el nuevo proyecto en el que va a trabajar la empresa, el cual implica cambios en la manera de trabajo que había establecido hasta la fecha, por lo que tanto Idoia como Gonzalo consideran que ha sido una pérdida de tiempo, sobre todo porque las personas a las que se había convocado a la reunión principalmente no tenían capacidad decisoria y que hubiera sido suficiente con haberles enviado la presentación que han utilizado en la que se resumía el motivo de la reunión, los temas tratados y las conclusiones a las que se había llegado con anterioridad a la reunión.

2. Preparación de la reunión virtual

☞ HILO CONDUCTOR

Cada vez que a Gonzalo o a Idoia les convocan a una reunión realizan el mismo comentario: "con todo lo que tengo que hacer" u "otra pérdida de tiempo". Gonzalo se ha dado cuenta de que este tipo de comentarios cada vez son más habituales y que, en muchas de las reuniones a las que asisten, no debieran hacerlo, como en la última en la que se había convocado a Idoia a una reunión del Departamento de *Marketing* para preguntarle su opinión sobre la estrategia que se iba a seguir para lanzar un nuevo producto. Ambos coinciden en que cuando reciben una convocatoria a una reunión, casi pueden intuir el grado de importancia de los temas que se van a tratar y, lo más importante, si merece la pena asistir.

Además de la convocatoria de una reunión, es quizás más importante su preparación para que las personas asistentes, una vez finalizada la misma, salgan con la impresión de que no han perdido el tiempo y que ha merecido la pena asistir.

Cuando una persona lleva mucho tiempo trabajando en una empresa, dependiendo de quién la convoque, ya puede intuir si la reunión va a ser fructífera o no, puesto que, en muchos de los casos, no se preparan las mismas. Esta preparación adquiere una mayor relevancia cuando hablamos de reuniones virtuales, ya que es más probable que una persona tenga problemas con la aplicación o con la conexión que abriendo la puerta que da acceso a la sala donde se llevará a cabo en el caso de las reuniones presenciales.

El éxito de una reunión depende, en gran medida, de cómo ha sido preparada.

La preparación de la reunión es importante, puesto que es el reflejo de la importancia que le damos a los temas tratados y al cariño que ponemos al hacer las cosas, que, por ende, es la imagen que estamos transmitiendo al resto de personas del entorno.

Una reunión virtual en la cual los asistentes tengan problemas de conexión, con la aplicación o que, durante el transcurso de la misma, no se puedan abordar los distintos puntos por fallos y que nadie los solucione, proyectará una imagen de dejadez y desinterés hacia los temas que se tratan y de falta de respeto hacia las personas participantes que están invirtiendo su tiempo en la asistencia a la reunión.

Para evitar que las reuniones se conviertan en pérdidas de tiempo, son muchas las empresas en las que se establecen protocolos, que se actualizan con el paso del tiempo, para conseguir reuniones virtuales provechosas y que se ajusten a las necesidades de los asuntos que se tratan.

2.1. Identificación de los asistentes a una reunión

Cuando se lleva a cabo la convocatoria de la reunión, uno de los problemas que se nos plantea es ¿quién debe asistir a la reunión? Dependiendo de la temática a tratar, será diferente el listado de personas que deban asistir a la reunión, aunque el principal fallo que se comete al convocarla es que, en muchas de ellas, no acuden las personas que deben hacerlo.

Hay que tener en cuenta que cuando una persona se encuentra reunida, deja de realizar otras tareas que, quizás, puedan ser más importantes para su trabajo. Entre los motivos que se deben analizar para seleccionar a las personas que deben participar en una reunión podemos encontrar los siguientes:

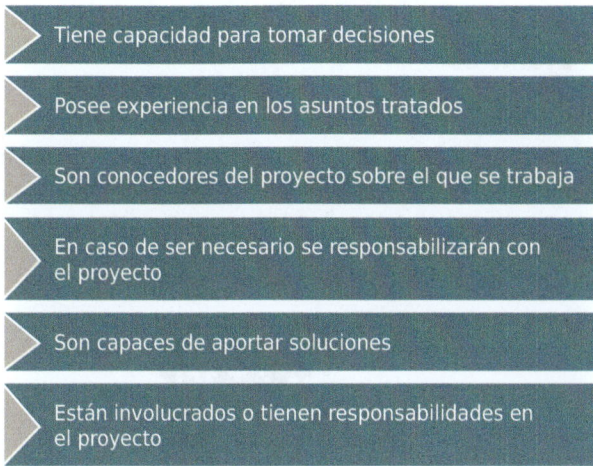

- Tiene capacidad para tomar decisiones
- Posee experiencia en los asuntos tratados
- Son conocedores del proyecto sobre el que se trabaja
- En caso de ser necesario se responsabilizarán con el proyecto
- Son capaces de aportar soluciones
- Están involucrados o tienen responsabilidades en el proyecto

Otro aspecto que se debe cuidar es el **número de personas** participantes en la reunión. Varios estudios recomiendan que esta cantidad sea la menor posible, puesto que, según ellos, cuantas menos personas asistan, mejores serán las decisiones tomadas.

 SABÍAS QUE...

Algunos estudios referidos al número de personas que deben conformar una reunión establecen que deben ser impares (7, 9, 11, etc.) y otros llegan a afirmar que la cantidad óptima está entre 5 y 7 participantes.

En aquellas reuniones en las que sea necesario, se pueden incorporar personas expertas en su temática para evitar que algún aspecto importante tratado en la reunión quede sin respuesta o aporte otro punto de vista que facilite la toma de decisiones final.

Los **expertos** son conocedores del papel consultivo que desempeñan en una reunión, por lo que no se incomodan si en el transcurso de la reunión se les dejan de lado, de la misma manera que, en el caso de que aparecieran **grupos de presión,** no se posicionaran por ninguna de las opciones.

Otra figura que también se puede encontrar en una reunión es **el observador** que puede asistir a la reunión, escuchar los debates y expresar su acuerdo, o no, con lo que se trata en la reunión.

 **EJEMPLO**

La Agencia Europea de Medicamentos establece en su página web las condiciones que deben cumplir las personas que asistan como observadores a las reuniones científicas abiertas. Puedes consultar estas condiciones accediendo desde aquí:

https://redirectoronline.com/ctrd000202

Mientras que el experto permanecerá en la reunión exclusivamente mientras se trabaja con la temática sobre la que es experto, el observador permanecerá durante todo el desarrollo de la reunión.

IMPORTANTE

2.2. Organización del desarrollo de una reunión

Una vez que se han establecido las personas, expertos y observadores que participarán en una reunión, es el momento de establecer la estructura que tendrá la misma, definiendo en ella las responsabilidades de los asistentes en cada una de las etapas que la compondrán.

Según Charles P. McCormick, en un comité (o reunión) debe existir el trabajo cooperativo, ya que es imposible que una misma persona "repique las campanas, de la misa y recoja la limosna", incidiendo en lo complicado que es que una persona gestione la totalidad de la reunión y la importancia que adquiere el reparto de las funciones entre las personas participantes en la misma.

La organización del desarrollo de una reunión debe planificarse correctamente para evitar la sensación de pérdida de tiempo.

En una reunión podemos encontrar los siguientes roles:

◥ **Líder.** Es el rol más importante que se puede encontrar dentro de una reunión. Es el responsable de la estructura, conducción y evaluación de la reunión, dependiendo de él los resultados que se obtengan al finalizar la misma.

No tiene por qué ser el que mayor cargo jerárquico ostente dentro de la organización o empresa, debe tener la capacidad de conducir correctamente la reunión y favorecer el diálogo entre las personas participantes.

- **Facilitador.** Este rol es el encargado de los asuntos logísticos y de asegurar que la reunión está preparada, facilitando los recursos materiales y la información que se debe entregar a cada participante para que la reunión sea exitosa.

- **Secretario.** Es el responsable de documentar los acuerdos y compromisos que se alcanzan en la reunión, además de realizar el acta de la misma.

  Muchas veces este rol se asocia con el de líder, aunque se recomienda que se desligue para que el líder ejerza todas las funciones propias de su rol como la dinamización y la gestión de la reunión.

- **Participante.** Es el rol que adquieren las personas que asisten a la reunión, incluido el líder y el secretario de la misma. Los participantes deben, además de asistir, participar activamente y seguir las normas que se establezcan para que se lleve a cabo la reunión.

- *Tech Host.* Persona encargada de iniciar la reunión y de asegurarse que todas las personas pueden conectarse a la misma, así como de resolver los problemas que puedan existir en dicho proceso.

- **Moderador de chat.** Es el responsable de atender a las dudas y cuestiones que planteen por el chat de la aplicación evaluando los aspectos que requieren de una respuesta inmediata o que puedan ser tratados al finalizar la reunión.

 PARA SABER MÁS

Te recomendamos que leas la entrada del siguiente blog en el que se trabaja sobre las etapas y los roles que deben asignarse para llevar a cabo una reunión. Puedes acceder a dicha entrada desde aquí:

https://redirectoronline.com/ctrd00020201

ACTIVIDAD COMPLEMENTARIA

2. Investiga acerca las tareas que debe llevar a cabo un moderador en una reunión e indica cuáles son las principales.

2.3. Elaboración de presentaciones digitales atractivas

Las reuniones se llevan a cabo con el objetivo fundamental de poner en común diferentes aspectos y buscar soluciones a los posibles problemas que se planteen a lo largo del desarrollo de un proyecto, o para transmitir información entre personas.

Las reuniones se apoyan en otros tipos de materiales como vídeos o materiales escritos, como la propia convocatoria de la reunión, informes o presentaciones que refuerzan los contenidos de estas. Las presentaciones digitales son herramientas que refuerzan la comunicación de las ideas en cualquier entorno en el que se utilicen (escolar, personal o profesional).

Si nos referimos a presentaciones digitales, estamos haciendo referencia un archivo digital que incluye fotos, vídeos, textos, animaciones, transiciones, etc. Su objetivo es exponer a un grupo de personas un contenido específico relacionado con uno de los temas tratados en la reunión y suelen complementar la exposición oral que lleva a cabo el orador.

Aunque estas presentaciones pueden visualizarse en diferentes dispositivos, lo más habitual es que se proyecten en una pantalla, además de poder compartirse con el resto de los participantes de la reunión a través de un sencillo correo electrónico.

 IMPORTANTE

Las presentaciones digitales son una herramienta fundamental de apoyo en una reunión que ayudan a captar la atención y mejoran la manera de presentar los conceptos clave tratados.

Una presentación digital por sí sola no ofrece mucha información, habitualmente es necesario que se complemente con la explicación de la persona responsable de desarrollar el punto del orden del día.

El uso de las presentaciones digitales ofrece una serie de **ventajas** entre las que se encuentran:

Organizan la información
- Una presentación digital facilita la exposición de un asunto, que es dividido en varias partes que se presentan en de forma secuencia, favoreciendo la atención de las personas participantes.

Son fáciles de editar
- Muchas aplicaciones para realizar presentaciones son gratuitas, lo que permite su uso por distintos tipos de personas, estudiantes, empleados, etc.

Resumen la información
- Sintetizan las ideas más importantes, evitando el tratamiento de información menos relevante debido, sobre todo, a las limitaciones de tiempo y de forma.

Retienen la atención
- La inclusión de otros elementos (audios, vídeos, etc.) ayudan a mantener la atención de las personas participantes.

Pueden consultarse en cualquier momento
- Una presentación se puede consultar siempre que se desee, puesto que se pueden convertir a cualquier formato, enviarse a los participantes para que la consulten en cualquier momento.

Fomentan la creatividad
- Aunque no hay un diseño único, se pueden desarrollar y adecuar las presentaciones a los distintos temas que se van a tratar dejando a la creatividad de cada persona el diseño de las mismas.

Las presentaciones se componen de los siguientes elementos:

➲ **Diapositiva.** A cada una de las "hojas" que componen una presentación digital se les denominan diapositivas. Esto se debe a que, antiguamente, las presentaciones se llevaban a cabo con un proyector de luz.

- **Esquema.** Aunque no se muestre a las personas participantes, toda presentación debe basarse en un esquema que defina cómo se va a llevar a cabo la presentación, para seguir un orden a la hora de llevar a cabo la reunión.
- **Contenido.** Este es el elemento más importante. Se deben decidir los elementos que se van a utilizar y, posteriormente, ordenarlos.

  Es recomendable que tanto el texto, como los elementos que se integren en la presentación, guarden una relación lo más cercana posible con el contenido del asunto a tratar para evitar que las personas participantes se distraigan.
- **Tipografía.** Un elemento importante y que juega un papel fundamental en las presentaciones es la tipografía utilizada, ya que mediante ella se establece la jerarquía y la importancia del contenido.

  Habitualmente, las diapositivas se componen de título (define el tema), subtítulos (complementan el título principal) y el texto (explica el tema).
- **Fondo.** El fondo es el elemento de diseño que está presente a lo largo de toda la presentación. Debe facilitar la lectura de los textos, por lo que son mejores los de colores suaves que favorecen la lectura del texto.

 PARA SABER MÁS

En el blog de la empresa Visme puedes consultar una entrada en la que te proponen 25 ejemplos de presentaciones. Puedes acceder a la misma desde aquí:

https://redirectoronline.com/ctrd00020202

⚒ APLICACIÓN PRÁCTICA

Araitz trabaja en el Departamento de Comunicación de su empresa y tiene que llevar a cabo una presentación para el lanzamiento de un nuevo producto. Es la primera vez que le toca realizar una presentación, puesto que, en las empresas en las que había trabajado anteriormente, ya tenían una plantilla en la que únicamente tenían que modificar el texto y las imágenes.

¿Puedes indicarle el elemento que debe cuidar para tratar de conseguir que la presentación mantenga la atención de las personas que participan?

Solución

Los fondos de las dispositivas y la tipografía que se utilice son elementos que hay que cuidar para tratar de mantener la atención de las personas participantes en una reunión.

Podemos encontrar en el mercado múltiples aplicaciones (gratuitas o de pago) que nos ayuden a realizar presentaciones, además también existen páginas en internet que nos facilitan plantillas en las que únicamente hay que cambiar las imágenes y el texto para obtener una presentación que, posteriormente, se utilice en una reunión.

Entre las **principales aplicaciones** podemos encontrar las siguientes:

- ⮑ *Microsoft PowerPoint.* El programa más conocido y usado para crear presentaciones, disponible para equipos de escritorio o de forma *online,* aunque para ello se debe adquirir una licencia de uso.
  Cuenta con un número importante de funcionalidades y se actualiza de manera regular para incorporar otras herramientas. Permite crear animaciones, integrar objetos 3D, etc. E incluso ya incorpora la inteligencia artificial, lo que permite crear presentaciones más atractivas.
- ⮑ *Google Slides.* Se ha convertido en una alternativa a *Microsoft PowerPoint,* debido a que no tiene coste. Es una aplicación de *Google* que se utiliza directamente en la nube, lo que permite colaborar o editar otras presentaciones desde cualquier dispositivo.

Se integra perfectamente con otras herramientas ofimáticas de *Google* como pueden ser *Google Meet* o *Google Sheets.* Permite la conversión de las presentaciones a diferentes formatos de otros programas o aplicaciones.

➲ *Prezi.* Aplicación *online* que permite realizar presentaciones animadas. Esta aplicación utiliza un lienzo digital en el que se ubica toda la información añadiendo dinamismo entre las distintas partes que conforman la presentación.

➲ *Miro.* Pizarra colaborativa en la que pueden trabajar diferentes personas a la vez y que permite diseñar distintas presentaciones y exportarlas o utilizarlas directamente desde la aplicación.

➲ *Canva.* Esta herramienta ha adquirido una gran popularidad últimamente gracias a su facilidad de uso, que permite realizar diferentes diseños adecuados a unos formatos preestablecidos dependiendo el uso que se vaya a realizar del mismo.

Dispone de una gran cantidad de plantilla gratuitas y de pago que facilitan la creación y el diseño de las publicaciones, así como sugiere diferentes paletas de colores dependiendo de los elementos que se incorporen a las presentaciones.

 PARA SABER MÁS

Puedes obtener más información de algunas de las herramientas vistas accediendo desde aquí:

Prezi

https://redirectoronline.com/ctrd00020203

Continúa en página siguiente >>

<< Viene de página anterior

Miro

https://redirectoronline.com/ctrd00020204

Canva

https://redirectoronline.com/ctrd00020205

📢 RECUERDA

Las presentaciones son herramientas digitales que complementan una exposición y que se utilizan en los ámbitos personales, laborales o escolares.

2.4. Pautas para el desarrollo de una presentación memorable

Como hemos comentado en el punto anterior, las presentaciones son los recursos más utilizados en los ámbitos escolar, personal o profesional, de ahí que se deban cuidar distintos aspectos si queremos que sean atractivas y conseguir la atención y el interés de las personas que participan en las reuniones.

Habitualmente las reuniones se apoyan en las presentaciones para hacer más atractivo el asunto tratado.

No debemos olvidar que, en algunas ocasiones, estas presentaciones serán compartidas con las personas participantes a modo de resumen sobre la temática relacionada.

Uno de los inconvenientes que tenemos que salvar en una reunión es el aburrimiento de las personas participantes, por lo que debemos tratar de que las presentaciones sean atractivas. Para ello, podemos establecer los siguientes aspectos, que se deben cuidar para intentar conseguir una buena presentación:

- **Ordena el contenido.** Las presentaciones se consideran una historia en la que debemos tener una introducción, un desarrollo y un final, por lo que conviene tener un guion estructurado de la misma.
- **Un buen inicio y final.** Hay que cuidar las diapositivas de inicio y final. La diapositiva de inicio es nuestro primer contacto con las personas participantes en la reunión.
- **Menos, es más; la regla del cuatro.** Las presentaciones resumen la información, por lo que, lo que no sea necesario, no debe aparecer. Se recomienda el uso de la denominada regla del cuatro, que consiste en no incorporar más de cuatro elementos en la misma diapositiva.
- **Navaja de Ockham.** Este principio usado en economía indica que la exposición cuanto más sencilla, mejor. Pregúntate lo que puedes eliminar y simplificar en cada diapositiva.
- **Una presentación en tres puntos.** Toda presentación debe poder resumirse en tres puntos o elementos clave, que son los que deben quedar guardados en la memoria de las personas que han participado en la reunión, por lo que se recomienda que los recuerdes al finalizar la presentación.
- **Un tema por diapositiva.** Te ayuda a dividir la información en partes más pequeñas que son más sencillas de seguir y recordar, puesto que, si

introduces varios temas, puedes confundir a la audiencia y te dificultarás la realización de una exposición coherente.

- **Ilustra, no transcribas.** Piensa que las presentaciones son apoyos visuales a lo que se dice, por lo que las presentaciones no deben incorporar el mismo texto que vayamos a usar.
- **No abuses de los *bullets*.** Los *bullets* o viñetas se utilizan en exceso, ya que aburren a los asistentes. Se recomienda no incorporar más de 3 o 4 en cada diapositiva.
- **Relación señal/ruido.** Elimina los elementos superfluos de la presentación, por ejemplo, si hay un gráfico pregúntate si necesitas incorporar la tabla de datos o el logo de la empresa. Además, usa colores básicos, imágenes relacionadas, etc.
- **Mejor con contenido multimedia.** Como personas recordamos más las imágenes que los textos, por lo que úsalas, ya que te ayudarán a reforzar el contenido.
- **No te olvides de las redes sociales.** Incorpora las referencias a las redes sociales si vas a compartir la presentación para que puedan contactar contigo una vez finalizada la reunión.
- **Añade citas.** La inclusión de citas a las presentaciones aumenta tu credibilidad y la imagen profesional que estás transmitiendo.
- **Incorpora interacciones.** Incorpora momentos para que los participantes interactúen contigo mediante preguntas, sondeos o juegos para tratar de evaluar el grado de atención o interés en el asunto de las personas participantes y poder modificar el desarrollo de la reunión, en caso de que no sea el esperado.
- **Con *timeline*.** Es una opción interesante incorporar en las presentaciones una línea de tiempo en la que se puede observar en qué punto se encuentra la exposición.
- **La regla 10/20/30 y el PechaKucha 20 x 20.** El experto en *marketing* y publicidad Guy Kawasaki recomienda que toda presentación siga la regla 10/20/30 que consiste en no usar más de 10 diapositivas, no superar los 20 minutos y usar tipografías como mínimo de 30 puntos.

El formato PechaKucha 20 x 20 consiste en desarrollar una presentación con un máximo de 20 diapositivas y dedicarle 20 segundos a cada una de ellas, de forma que se consigue mantener un alto nivel de atención e interés de las personas participantes.

TAREA 2

Arnau tiene que realizar la presentación de un tema para una reunión que tiene la semana que viene. Habitualmente, utiliza *Microsoft PowerPoint*, pero quiere innovar un poco en las presentaciones, ya que se ha dado cuenta que, desde el punto de vista del diseño, son todas iguales.

¿Puedes indicarle otras aplicaciones o herramientas alternativas que puede utilizar?

3. Resumen

El principal problema que se plantea cuando se realiza la convocatoria de una reunión virtual es el llamamiento a las personas que deben asistir a esta, puesto que no todas tienen las mismas capacidades decisorias, o tienen experiencia en los asuntos que se van a tratar.

En las reuniones virtuales, además de las personas involucradas en la misma, pueden estar los observadores y los expertos que no tienen capacidad decisoria ni de influir en los acuerdos finales que se tomen.

Habitualmente, las reuniones virtuales se apoyan en una serie de documentos, siendo los más habituales las presentaciones que tratan de mantener la atención de las personas participantes, por lo que es importante cuidar los siguientes puntos para tratar de conseguir que sean atractivas. Entre esos puntos podemos destacar:

- ➲ Ordena el contenido
- ➲ Un buen inicio y final
- ➲ Menos, es más; la regla del cuatro
- ➲ Navaja de Ockham
- ➲ Una presentación en tres puntos
- ➲ Un tema por diapositiva
- ➲ Ilustra, no transcribas
- ➲ No abuses de los *bullets*
- ➲ Relación señal/ruido

- Mejor con contenido multimedia
- No te olvides de las redes sociales
- Añade citas
- Incorpora interacciones
- Con *timeline*
- La regla 10/20/30 y el PechaKucha 20 x 20

Ejercicios de autoevaluación
Unidad de Aprendizaje 2

1. **El principal error que se produce en la convocatoria de una reunión es:**

   a. No se establecen correctamente las personas que deben participar.
   b. Se establece un orden del día.
   c. Se lleva a cabo dentro del horario de trabajo.
   d. Se llevan a cabo fuera del horario de trabajo.

2. **Una condición que garantiza que una persona debe acudir a una reunión es que...**

   a. ... es capaz de aportar soluciones.
   b. ... desconoce el proyecto, pero excepcionalmente puede aportar soluciones.
   c. ... no tiene responsabilidad en el proyecto.
   d. ... pertenece al departamento afectado.

3. **El perfil del asistente a una reunión que tiene un perfil consultivo es:**

   a. El experto
   b. El observador
   c. El participante
   d. El secretario

4. **El perfil del asistente a una reunión que debe permanecer en la misma durante todo el tiempo de duración de la misma es:**

   a. El experto
   b. El observador
   c. El participante
   d. El secretario

5. **Una vez establecidas las personas participantes debe establecerse...**

   a. ... el horario de la reunión.
   b. ... la estructura de la reunión.

c. ... la ubicación de la reunión.

d. ... los costes de la reunión.

6. El objetivo fundamental de una reunión es:

a. Buscar soluciones a un problema planteado.

b. Valorar la relación de los trabajadores con la empresa.

c. Poner en común distintos aspectos.

d. Las opciones a y c son correctas.

7. Los elementos en los que se puede apoyar una reunión son:

a. Las fotocopias en blanco y negro

b. Las presentaciones

c. Los blocs de notas

d. Los descansos

8. Al referirnos a las presentaciones digitales, podemos decir que...

a. ... no se pueden compartir.

b. ... reducen la creatividad de equipos de protección individual.

c. ... retienen la atención de las personas participantes.

d. ... son difíciles de modificar.

9. Un elemento que NO se encuentra en una presentación es:

a. El equipo con el que se va a presentar

b. El esquema

c. La tipografía

d. El contenido

10. La aplicación más usada para llevar a cabo presentaciones es:

a. *Microsoft PowerPoint*

b. *Google Slides*

c. *Prezi*

d. *Canva*

Gestión de la reunión virtual

Contenido

Objetivos

El objetivo general de esta Unidad de Aprendizaje es:

→ Ejecutar la planificación y el desarrollo en una reunión virtual.

Los objetivos específicos de esta Unidad de Aprendizaje son:

→ Conocer los aspectos básicos que se deben tener en cuenta para gestionar una reunión virtual.

→ Definir las recomendaciones que deben tenerse en cuenta a la hora de gestionar una reunión virtual.

→ Identificar los factores que ayuden a conseguir una reunión memorable.

→ Catalogar los distintos tipos de perfiles personales que se pueden encontrar en una reunión.

→ Realizar un esquema en el que se establezcan los pasos que deben seguirse para la convocatoria de una reunión *online*.

1. Introducción

Una vez convocada una reunión, solo queda esperar a la fecha establecida para que esta se lleve a cabo. Durante el tiempo que pasa desde la convocatoria hasta la fecha en la que se va a llevar a cabo, se debe aprovechar para realizar los preparativos relacionados con la logística de la misma, para que, cuando deba llevarse a cabo, solo nos debamos preocupar por gestionarla.

En esta unidad de aprendizaje, Gonzalo e Idoia aprenderán la manera de gestionar una reunión virtual, que, aunque no difiere de la gestión de las reuniones presenciales, sí que incorpora algún aspecto específico como el uso de aplicaciones o el medio en el que se llevan a cabo.

2. Gestión de una reunión virtual

 **HILO CONDUCTOR**

Idoia y Gonzalo deben llevar a cabo una reunión virtual para informar a sus compañeros de los próximos cambios que se van a producir en el departamento a comienzos del próximo mes. Ambos coinciden en que, entre las personas participantes, se encuentran distintos perfiles que son los que pueden provocar el éxito o fracaso de la reunión.

- -

Gestionar una reunión virtual consiste en coordinarla y asegurarse de que se aprovecha el tiempo invertido en la misma al máximo. Al gestionar una reunión de forma eficiente, aumenta la productividad, puesto que cuantas menos reuniones sean necesarias, más tiempo se dedicará a llevar a cabo los trabajos.

Lo primero que debemos plantearnos es si la reunión es realmente necesaria o si se puede llevar a cabo más adelante y reducir el tiempo improductivo que las personas de la organización dedican a reunirse.

Para gestionar correctamente una reunión virtual puedes tener en cuenta las siguientes **recomendaciones:**

1. **Establece el orden del día con antelación.** Hay que incorporar el orden del día en la convocatoria para facilitar que las personas participantes

puedan preparar la reunión, lo que reducirá que las personas participantes puedan preparar la reunión, lo que reducirá la duración de la misma.

2. **Respetar los puntos del orden del día.** Se deben respetar los puntos del orden del día para asegurar que la gestión del tiempo es la correcta y, una vez tratados todos ellos, se pueden abordar otros nuevos o posponerlos para otra reunión posterior.

3. **La reunión debe ser lo más breve posible.** La reunión cuanto más breve, puesto que garantizará que las personas participantes mantengan la concentración y el interés, que se perderá si dura mucho tiempo máximo de 60 minutos.

4. **Reducir las personas participantes.** Cuanta menos gente haya convocada en un reunión, esta será más eficiente y productiva. No debemos perder de vista que las reuniones están orientadas a la toma de decisiones.

5. **Respetar el horario.** Hay que empezar y terminar cuando se ha establecido en la convocatoria. Se puede comenzar con una pregunta genérica para facilitar que las personas acaben de llegar, pero la reunión debe comenzar pasados los primeros 5 minutos de cortesía.

6. **Incorporar elementos interactivos.** Las mejores reuniones son aquellas que las personas participan, por lo que la incorporación de elementos interactivos facilitará la participación en la misma.

7. **Incluir un punto de preguntas.** Antes de finalizar la reunión se debe incorporar un momento para la resolución de las dudas por parte de las personas participantes. Hay que tener en cuenta que, si se reduce el turno de preguntas al final de la reunión, es posible que las personas participantes olviden lo querían preguntar, por lo que se puede considerar la posibilidad de llevarlo a cabo al finalizar cada punto tratado.

8. **Compartir el resumen cuando antes.** El resumen de la reunión debiera enviarse a las personas participantes, como máximo, a las 48 horas de que reunión haya finalizado para asegurar que se tiene fresco el recuerdo de la reunión, por si hubiera que modificar algún acuerdo que estuviese mal redactado.

 **RECUERDA**

Una reunión productiva siempre es mejor que un montón de ellas que no lo son.

2.1. Técnicas para reuniones memorables

Una vez que se reduce la cantidad de reuniones empresariales, ya que se ha conseguido que estas sean más eficientes, ahora lo que hay que conseguir es que sean memorables, de forma que, una vez finalizadas, las personas asistentes tienen la sensación de haber aprovechado el tiempo.

Antes de la reunión	Durante la reunión
- Planifica la reunión con tiempo - Convoca solo a las personas necesarias - Máximo 1h 30 min - Orden del día - Llega 5 min antes	- Asiste bien preparado - Participa - Evitar salir del orden del día - Controla el tiempo - Mantén un tono cordial - Aparca el móvil - Discrepa sin desagradar - Sé breve y conciso - Escucha activa con atención

Establece conclusiones y planes de acción

... Y recuerda

Remitir acta en menos de 48 h

Factores que ayudan a conseguir una reunión memorable.

2.2. Preparación del día de la reunión

Una vez que se ha enviado la convocatoria de la reunión en la que se han establecido los puntos de trabajo, el horario, etc., ya solo queda esperar a la fecha establecida para llevarla a cabo.

El elemento que debe cuidarse el día de la reunión es la logística, que está relacionada con:

➲ **La manera – Cómo:**

⟡ Enviar la convocatoria con el tiempo suficiente para que las personas a las que se les remite puedan agendarla.
Se estima una antelación de mínima de 10 días a la fecha en la que se convoca la reunión. Se debe incluir en la convocatoria el motivo de la reunión, los objetivos, ubicación o forma de conexión, asistentes y orden del día.

⟡ A la convocatoria hay que incorporarle aquellos documentos que se vayan a trabajar o ponerlos a disposición de las personas convocadas. Se deben establecer las reglas que van a regular la reunión como los descansos, la puntualidad, el quorum, la confidencialidad, uso de dispositivos móviles, aplicación utilizada, etc.

⟡ Selección de roles y tareas que desempeña cada uno.

⟡ Resumen y envío del mismo una vez finalizada la reunión donde se recojan las conclusiones.

➲ **La ubicación – Dónde.** Determinar la ubicación de la reunión, sin perder de vista el protocolo que se deba respetar en el caso de reuniones presenciales. En las reuniones virtuales se debe:

⟡ Determinar la aplicación y generar el enlace a la reunión.

⟡ Prever el material necesario como carpetas, documentos, bolígrafos, etc. Que, en el caso de las reuniones virtuales, puede ser enviado por mensajería a las personas participantes con los materiales de la reunión.

⟡ Preparar y comprobar el correcto funcionamiento de los medios técnicos que se van a utilizar.

2.3. Técnicas de comunicación persuasiva

La **comunicación persuasiva** trata de influir en la opinión de las personas mediante el habla y la escritura, para influir en la toma de decisiones utilizando los argumentos lógicos.

Estas técnicas han ido evolucionando hasta la actualidad en la que han desembocado en la técnica del *storytelling,* que consiste en contar una historia centrada en el asunto que se está tratando.

La comunicación persuasiva se emplea en diferentes tipos de comunicación, como puede ser la verbal, lenguaje corporal, pensamiento crítico, la escucha activa, etc.

La comunicación persuasiva pretende alcanzar un acuerdo favorable a los intereses de un grupo o persona.

Los principales **objetivos** de la comunicación persuasiva son:

Estimular	- El primer objetivo es presentar los hechos para, posteriormente, incorporar información que el resto de participantes desconocen y que provoque una estimulación del interés acerca del asunto que se está tratando.
Convencer	- Este objetivo trata de conseguir un cambio en las ideas, actitudes o decisiones de las personas participantes.
Conseguir	- Una vez que hemos conseguido llamar la atención del público, ahora ha llegado el momento de proponer la solución al problema o asunto que se está tratando.

 PARA SABER MÁS

Puedes consultar la entrada del blog de Indeed en el que se analiza la importancia, las variantes y distintas técnicas de comunicación persuasiva accediendo desde aquí:

Continúa en página siguiente >>

<< Viene de página anterior

https://redirectoronline.com/ctrd00020301

2.4. Identificación del comportamiento adecuado a la situación

Una vez llegado el día de desarrollo de la reunión, supuestamente tendremos todo controlado, excepto el comportamiento de las personas asistentes.

Dentro de una reunión podemos encontrar entre las personas asistentes, los siguientes perfiles:

- **Discutidor.** Estas personas acuden a las reuniones como si se tratase de una batalla y le da lo mismo si es el moderador o cualquier participante en la reunión. Se recomienda no perder la calma e ignorarle para minorar su comportamiento y enfatizar al grupo para tratar de aislarlo.
- **Sabiondo.** Este tipo de personas se creen poseedores de la única solución que se puede plantear para el problema. Hay que tratar sus opiniones como las del resto de participantes.
- **Embrollón.** Tiende a desviarse de los temas que se han establecido en la convocatoria de la reunión y lo único que hace es hacer perder el tiempo al resto de participantes. Hay que centrarse en los asuntos indicados en el orden del día, cortando de forma educada sus intervenciones para que no se alargue innecesariamente la reunión.
- **Obstinado.** Estos asistentes no escuchan al resto, ya que solo les preocupa tener razón e imponer su criterio. Hay que hacerles entender que su actitud no aporta y que es mejor posponer para otro momento sus opiniones.
- **Preguntón.** Se pasan todo el tiempo preguntando constantemente sobre cualquier tipo de cuestión, aunque no tenga que ver con los temas que se han establecido en el orden del día. Para no entrar en un debate sin final, se recomienda evitar responder a las preguntas individualmente, sino formularlas de otra manera para tratar de que aporte a la reunión en lugar de preguntar.
- **Distraído.** Estos miembros además de estar ellos distraídos, distraen a los demás. Hay que tratar de controlarle para evitar que pierda, y haga

perder el tiempo al resto, además de evitar que opine sobre temas complejos, ya que quizás no haya procesado la información adecuadamente.

➲ **Tímido.** Interviene poco, aunque escucha atentamente. Habitualmente suelen ser personas que se sienten inseguras. Hay que reforzar su confianza poniendo en valor sus aportaciones para lo que se le pueden hacer preguntas sencillas que aumenten su seguridad y autoestima.

➲ **Mudo.** Esta persona no participa porque considera que está por encima del resto pudiendo darse el caso de que las menosprecie. Hay que obligarle a participar, aunque no quiera, haciéndole ver que sus opiniones pueden no ser correctas y que las decisiones que se tomen serán las que se alcancen de forma consensuada por el grupo.

APLICACIÓN PRÁCTICA

Araitz está comentando con su compañero de trabajo que, en la última reunión de trabajo que llevó a cabo, se encontró con una persona que se pasó toda la reunión retándole a ella y al resto de participantes haciéndoles ver que no conocían el tema y mucho menos la solución al mismos.

¿Puedes indicarle el perfil que corresponde con la descripción que acaba de hacer?

Solución

Los sabiondos son un tipo de persona que cree tener la solución a los problemas o asuntos planteados en la reunión.

---

3. Planificación de una reunión virtual

 HILO CONDUCTOR

Una vez que Idoia y Gonzalo conocen los puntos que deben tratar, las personas que tienen que asistir y la forma y ubicación en la que se va a llevar a cabo la

Continúa en página siguiente >>

<< Viene de página anterior

reunión, deben realizar la convocatoria de la reunión, que será la que se les envíe a las personas seleccionadas para participar en la misma.

Las reuniones virtuales no se diferencian mucho con las reuniones presenciales, por lo que se deben cuidar de la misma manera, haciendo hincapié en la conexión a internet que es el medio en el que se llevan a cabo.

 SABÍAS QUE...

Steve Jobs estableció tres puntos fundamentales para aumentar la productividad de las reuniones:

- Pocos asistentes: a ser posible no deben superar los 5 o 6.
- Pocos temas en el orden del día: como máximo tres puntos a tratar.
- Tiempo limitado: no deben superar los 30 min.

3.1. Convocatoria de una reunión virtual

Cada persona o departamento cuenta con una manera de convocar una reunión dependiendo, en gran medida, de la persona o departamento que lo haga, mientras que el departamento de *marketing* puede convocar vídeo reuniones, a la gerencia de la empresa quizás le resulte más cómodo hacerlas presenciales. En ambos casos el proceso de convocatoria es similar, teniendo en cuenta que, para la convocatoria de las reuniones virtuales, es importante incorporar el enlace a la plataforma que se va a utilizar y un correo en el que se ayude a las personas que tienen problemas de conexión o que no pueden acceder a la reunión para que puedan acceder y participar en la misma.

 **DEFINICIÓN**

Convocar

Llamar a una o más personas para que acudan a un lugar o acto determinado y en el que se desea que tengan participación.

Recordemos los distintos puntos que deben incluirse en la convocatoria de una reunión virtual:

> 1. Establecer la fecha y la hora de la reunión

> 2. Seleccionar el *software* o plataforma que se va a utilizar

> 3. Indicar los requisitos de los equipos

> 4. Establecer los puntos del orden del día

> 5. Delegar y asignar funciones y responsabilidades

 **EJEMPLO**

Los organismos públicos tienen homogeneizada la documentación administrativa, como es el caso de la UGR (Universidad de Granada), que establece el procedimiento que se debe seguir para convocar una reunión y que se puede consultar accediendo desde aquí:

https://redirectoronline.com/ctrd00020302

 **PARA SABER MÁS**

Te recomendamos leer la entrada en publicada en el blog de Managerslab en la que se analizan los 10 errores que se cometen habitualmente en la convocatoria de una reunión virtual. Puedes acceder a la misma desde aquí:

https://redirectoronline.com/ctrd00020303

 ACTIVIDAD COMPLEMENTARIA

3. Investiga acerca de las buenas prácticas para el desarrollo de una reunión virtual.

3.2. Aplicación de los conocimientos

Ignacio y Ana son propietarios de una empresa que, a comienzos del mes que viene, integrará otras dos. Por este motivo, quieren llevar a cabo una reunión con los trabajadores de su empresa para informarles acerca de dicha adquisición y cómo quedará la organización de la misma una vez incorporado todo el personal.

Tanto Ana como Ignacio son conocedores de que algunas de las personas no van a poder asistir de forma presencial, por lo que también van a tener en cuenta la posibilidad de que se conecten usando aplicaciones de videollamadas. Veamos los pasos que se deben seguir para convocar una reunión:

1. Comenzar reflexionando acerca de la **necesidad o no de convocar la reunión,** plantearse el momento más adecuado o las personas más indicadas que deben asistir a la reunión.
2. A continuación, **planificar el orden del día.** Establecer el objetivo de la reunión, así como la fecha y las horas de inicio y finalización, además del lugar, en el caso de que sea presencial, o la aplicación que se va a utilizar, en el caso de que sea virtual.
3. En el caso de que sea necesario, **planificar y entregar la documentación** necesaria a las personas participantes, bien sea en formato papel o digital.
4. **Preparar la reunión y la logística** necesaria para tratar de garantizar el éxito de la reunión.
5. **Establecer la figura del secretario,** de forma que, una vez finalizada la reunión, se les **envíe el resumen** de la misma a todas las personas participantes.
6. Una vez finalizada la reunión, se puede **llevar a cabo la evaluación** de la misma para descubrir aquellos aspectos que pueden mejorarse en las siguientes reuniones.

 **PARA SABER MÁS**

Puedes encontrar dos infografías acerca de los pasos que se deben seguir para convocar una reunión virtual accediendo desde aquí:

10 aspectos básicos para la consecución de reuniones eficaces

https://redirectoronline.com/ctrd00020304

Continúa en página siguiente >>

<< Viene de página anterior

10 claves para generar reuniones eficaces

https://redirectoronline.com/ctrd00020305

 TAREA 3

En la empresa en la que trabaja Arnau han convocado una reunión, pero se han dado cuenta de que una de las personas que acudirá a la misma es Ana, que siempre está haciendo otras cosas que no guardan relación con la reunión y que, cuando interviene, lo hace sobre puntos pasados o temas que no corresponden.

¿Puedes indicarle a Arnau la manera en la que debe tratar a Ana para que no haga perder el tiempo a las personas que se encuentren en la reunión?

---

4. Resumen

Gestionar una reunión virtual también consiste en asegurarse de que todas las personas son capaces de acceder a la misma sin ningún tipo de problema.

La logística de una reunión es un aspecto que se relaciona con la manera y la ubicación en la que se va a llevar a cabo la reunión.

En toda reunión se utiliza la comunicación persuasiva que se basa en los principios de:

En toda reunión se pueden encontrar diferentes tipos de perfiles entre los que se encuentran:

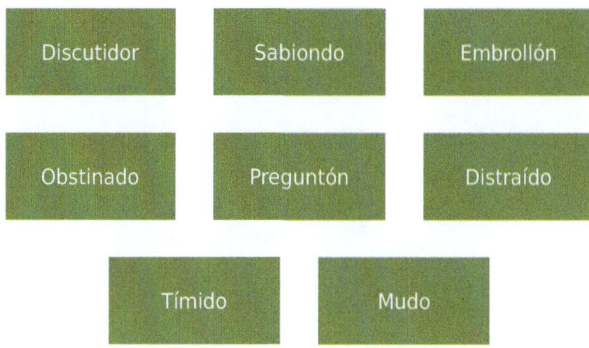

En la convocatoria de una reunión virtual se debe:

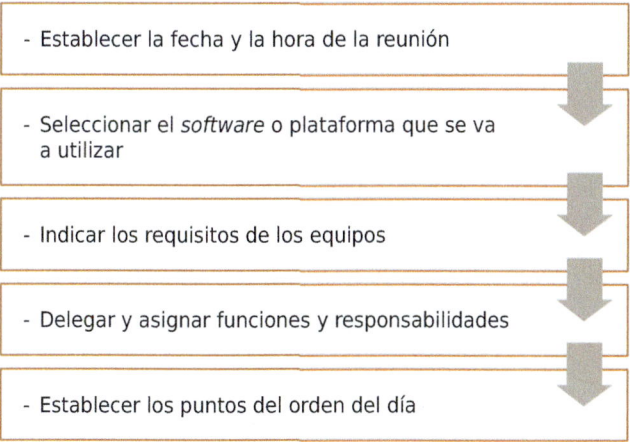

Ejercicios de autoevaluación
Unidad de Aprendizaje 3

1. Gestionar una reunión virtual implica...

    a. ... coordinar la reunión.
    b. ... evaluar la reunión.
    c. ... aprovechar el tiempo invertido en su desarrollo.
    d. Las opciones a y c son correctas.

2. Entre las recomendaciones para gestionar una reunión virtual se encuentra...

    a. ... evitar elementos interactivos.
    b. ... invitar al mayor número de personas posible.
    c. ... no incluir un turno de preguntas.
    d. ... respetar los puntos establecidos.

3. La reducción del número de reuniones provoca...

    a. ... jornadas de trabajo más cortas.
    b. ... jornadas de trabajo más largas.
    c. ... un aumento en la productividad.
    d. ... una reducción de la productividad.

4. El elemento que se debe cuidar el día de celebración de la reunión virtual debe ser...

    a. ... el moderador.
    b. ... el participante.
    c. ... el secretario.
    d. ... la logística.

5. La técnica que trata de influir en las opiniones es:

    a. La comunicación activa
    b. La comunicación asertiva
    c. La comunicación persuasiva
    d. La comunicación repetitiva

6. La comunicación persuasiva utiliza...

    a. ... el habla.
    b. ... la tecnología.
    c. ... la escritura.
    d. Las opciones a y c son correctas.

7. ¿Cuál de las siguientes opciones NO es un objetivo de la comunicación persuasiva?

    a. Comunicar
    b. Conseguir
    c. Convencer
    d. Estimular

8. Según Steve Jobs, las reuniones no debieran superar...

    a. ... los 3 o 4 asistentes.
    b. ... los 5 o 6 asistentes.
    c. ... los 8 o 10 asistentes.
    d. ... los 10 o 12 asistentes.

9. El perfil de asistente de una reunión que se cree estar por encima del resto y que evita participar en la reunión es:

    a. Discutidor
    b. Mudo
    c. Preguntón
    d. Sabiondo

10. El primer punto que se debe abordar al realizar la convocatoria de una reunión una vez establecidos los objetivos de la misma es:

    a. Enumerar las personas participantes.
    b. Establecer la fecha y la hora.
    c. Establecer los roles de las personas participantes.
    d. Indicar los requisitos de los equipos de conexión.

Glosario

Bullets
Viñetas que facilitan ordenar o enumerar los distintos elementos que conforman una lista ordenándola de una manera atractiva.

Comunicación persuasiva
Modelo de comunicación, que, mediante el uso de recursos argumentativos, es capaz de influir en los receptores o audiencia de una reunión de forma que realice una acción determinada.

Experto
Persona que tiene mucha experiencia o muchos conocimientos en un campo o temática concreta.

Feedback
Palabra traducida como retroalimentación, que consiste en el proceso de comunicación que se establece entre el receptor y el emisor de la comunicación.

Observador
Persona designada para observar y dirigir una tarea específica. No puede desarrollar ninguna otra tarea mientras desempeña las tareas propias de su perfil.

PechaKucha
Formato de presentación digital popular en Japón que consiste en realizar una presentación con 20 diapositivas y utilizar 20 segundos en explicar cada una de ellas.

Presentación digital
Archivo digital que incorpora distintos elementos como texto, fotos, vídeos, audio, infografías, animaciones, etc. Y cuya misión es exponer a una audiencia un tema determinado.

Punto de acceso

Dispositivos que establecen una conexión entre equipos que se conectan a internet o a una red externa o interna.

Storytelling

Técnica de comunicación que se basa en contar historias para transmitir una idea o mensaje para conectar más fácilmente con el público.

Webinars

Seminario breve que se realiza en vivo en el que los espectadores pueden participar y que se transmite a través de internet.

Zona horaria - Huso horario

Franja geográfica virtual que se establece de norte a sur, que divide el planeta y en la que rige la misma hora oficial.

Bibliografía

Monografías

→ ACOSTA Vera, J. M.: *Liderar, motivar, comunicar, delegar, dirigir reuniones.* Madrid: Editorial ESIC, 2018.

> Este libro hace hincapié en la dirección de los equipos y las relaciones interpersonales. Ofrece orientaciones prácticas que pueden aplicarse inmediatamente en las reuniones. Libro muy recomendable para las personas con responsabilidades de dirección empresarial.

→ ÁLVAREZ Marañón, G.: *El arte de presentar. Cómo planificar, estructurar, diseñar y exponer presentaciones.* Barcelona: Editorial Gestión 2000, 2017.

> El libro muestra diferentes técnicas que permiten adecuar las presentaciones a la audiencia a la que se destina. Trabaja sobre los aspectos de selección, estructuración y diseño de los contenidos de forma atractiva para lograr que las personas participantes no pierdan el interés a lo largo de la presentación.

→ BELLIDO Quintero, E. y GARCÍA de la Cruz, R.: UF0329: *Elaboración y edición de presentaciones con aplicaciones informáticas.* Antequera: IC Editorial, 2023.

> Manual correspondiente a la unidad formativa 0329 con el que se puede iniciar el lector en la elaboración y edición de presentaciones profesionales. Incorpora distintos puntos en los que se trabaja sobre la protección de datos y la legislación vigente en materia de propiedad intelectual y derechos de autor.

→ CANTAVELLA, E., VALLS Roig, A.: *Reuniones eficaces: 25 claves para pasar de reunirse a REUNIRSE.* Barcelona: Editorial Profit, 2022.

> Libro centrado en analizar las principales causas por las que cada vez que oímos la palabra reunión la asociamos con pérdida de tiempo. Este libro trata de conseguir que las reuniones (tanto presenciales como virtuales) sean efectivas para lo que trabaja con herramientas concretas que pueden ayudarnos a conseguirlo.

→ SELVA Grau, F.: *Reuniones Eficaces: 5 Reglas de Oro con las que lograrás reuniones útiles y productivas.* Barcelona: Francisco Selva Grau, 2019.

> Libro orientado a conseguir reuniones eficaces que hace hincapié en las principales quejas que muestran los asistentes a las reuniones cuando estas no son productivas. Te ayudará a conseguir los objetivos planteados para la reunión de forma que la mayor parte de las personas convocadas participen activamente en la reunión.

Textos electrónicos, bases de datos y programas informáticos

→ 60 consejos para hacer una buena presentación en *PowerPoint,* de: <https://business.tutsplus.com/es/articles/37-effective-powerpoint-presentation-tips—cms-25421>.

> En toda reunión memorable no se deben recordar las presentaciones, sino el mensaje lanzado por el presentador de la misma. En este artículo se muestran diferentes consejos que te ayudarán a que tus presentaciones sean recordadas para que solo tengas que preocuparte del mensaje que quieres transmitir.

→ Aspectos que intervienen en las presentaciones, de: <https://www.javierortego.com/formacion/curso-de-tecnicas-de-presentacion-y-hablar-en-publico/presentaciones-eficaces/>.

> Artículo de Javier Ortego en el que se abordan otros aspectos que intervienen a la hora de llevar a cabo una presentación en público.

→ Consejos para llevar a cabo presentaciones efectivas, de: <https://eduteka.icesi.edu.co/modulos/1/164/89/1>.

> Las personas prefieren, cada vez más, la información mediante imágenes y la comunicación verbal antes que con la información escrita. Este artículo facilita una serie de consejos para lograr que nuestras presentaciones impacten positivamente en los destinatarios de la información.

→ Cómo hacer presentaciones efectivas (guía, consejos & ejemplos), de: <https://visme.co/blog/es/presentaciones-efectivas/>.

> Página en la que se recopilan distintos consejos para hacer una presentación profesional para tratar de mantener la atención de las personas participantes en la reunión.

→ Manual de gestiones eficaces, de: <https://www.caritas.es/main-files/uploads/sites/8/2018/12/CDGET-AT05-Reuniones-eficaces.pdf>.

> Manual de la Escuela de la Administración pública de la Región de Murcia, donde se aborda la manera en la que se puede conseguir una reunión eficaz.

→ Manual sobre reuniones eficaces, de:
<https://www.caritas.es/main-files/uploads/sites/8/2018/12/CDGET-AT05-Reuniones-eficaces.pdf>.

> Manual de Cáritas de la Diócesis de Getafe (Madrid) en el que se aborda la manera de conseguir una reunión eficaz.

→ Presentaciones electrónicas: para qué sirven, características, elementos, de:
<https://www.lifeder.com/presentacion-electronica/>.

> Página en la que se analizan las características y los elementos que componen una presentación electrónica.

→ Taller sobre presentaciones efectivas, de:
<https://dido.uta.cl/wp-content/uploads/2022/11/Taller-Presentaciones-Efectivas-Power-Point.pptx.pdf>.

> Publicación en la que se repasan los elementos más importantes para llevarlas a cabo, desde los aspectos visuales hasta la planificación de la misma.